「毎日」をシンプルに、豊かに楽しむ

パリのキッチン
食と暮らしのアイデア50

永末亜子 著・写真

Bonjour d'une
Cuisine Parisienne!

主婦と生活社

Avant-propos —はじめに—

　はじめまして。パリに住む永末亜子です。多くのパリジェンヌたちがそうであるように私も旧姓を名乗っています。

　光のオブジェのアーティストで、コンテンポラリーダンサーとしても舞台に立ったり映像に出演したりしています。

　学生の頃から続けている執筆業では、欧州のアートやデザイン、社会をテーマに日本のメディアを通して情報やメッセージを発信しています。

　パリに移り住み、今年の6月で29年。フランス人の夫と結婚し、パリで生まれた2人の子どもたちは20代に。生まれ故郷の東京も大好きですが、パリに最後まで住み続けたいと思うくらい、この街に馴染み、惹かれ続けています。

　私が最初にパリを訪れたのは19歳。思い立ってヨーロッパを1人旅したときでした。格安のアエロフロートを使った

一番安い冬の旅で、当時のソ連、ドイツ、スイスなどを巡り、フランスに到着。TGVからパリに降り立つやいなや、「パリ、心地いい！」と感じたのを忘れません。曇って寒く、車の排気ガスの匂いに包まれ、街はグレーだったというのに。私はこの街に、静かに恋に落ちたのです。それから何度もパリを訪れるようになりました。

　当時の私は美を学ぶ自由の学校、セツ・モードセミナーでアートを学びながら、旅のライターとして雑誌に寄稿する日々。アートの本質を学び、今でも当時の仲間と親しくしているほど幸せな日々でしたが「私の場所はどこか他にある」という違和感をいつも抱えて生きていました。

　しかし、27歳のときに当時の恋人と別れて、私の人生は転換期を迎えました。終わりとは、新しい始まりの門。2か月後には、私はパリのサンマルタン運河沿いのアパルトマンに居を構えていました。焼きたてのバゲットを抱え、エレベーターなしの7階の部屋への階段を鼻歌交じりに上っていた

のです。1996年の梅雨の終わり、大好きな夏の始まりでした。
　今でも「なぜパリに来たのですか？」と聞かれると「アートの勉強に」と答えますが、それも真実。フランス語がままならないので学校へ通いながら、アート制作を始めました。
　当時のパリで自分を知っている人と言ったら唯一、学生時代のアートの先生だけ。言葉もできず友人もいないゼロからの新生活でしたが、不安は全くありませんでした。
　一度だけ「泣くまい」と涙を飲んだのは、その夏にひとりぼっちで迎えた誕生日。それも今では良い思い出です。

　パリを愛する理由はきっと皆さんと同じ。美味しいバゲットやクロワッサンとカフェ・オ・レ。シャンパンやワイン、とろけるチーズ。そして石畳に映えるアパルトマンやセーヌ川、プラタナスやマロニエの四季折々の風景。カフェやレストラン。溢れるアートや文学、フランス語の響き……。ダンスつきの陽気なホームパーティーも欠かせません。リビング

や庭で開かれ、年齢関係なくみんなが踊ります。そして長いバカンス！

　子どもが生まれると、パリはさらに私を優しく包みこんでくれました。道でもメトロでも子どもが一緒だと人々は今まで以上に優しく、ご近所さん、ママ友たちとの厚い信頼関係も生まれました。
　パリの人たちは冷たいとよく言われます。外見は近寄りがたく、批判精神がありますが、芯は温かい人たちであることを私は皆さんに保証します。
　私のパリでの日々は、あっという間に四半世紀が過ぎました。この本では、そんなパリの日常の素晴らしさを、皆さまと分かち合えれば幸せです。そして私のパリ生活が一つでも二つでもヒントになって、少しでも皆さまのお役に立つことができたら、とてもうれしく思います。

　　　　　　　　　　　　　　　　　　　　　　　永末亜子

Sommaire 目次

Avant-propos はじめに——4   **Ma maison** 我が家——12

Chapitre **1**
La cuisine
「キッチン」
使いやすい快適な
空間づくり

idée

1　小さなキッチンのいいところ——16

2　冷蔵庫が小さくても
　十分な理由——18

3　野菜や果物は常温保存！
　並べれば素敵な
　インテリアに早変わり——20

4　フライパンと鍋は
　3つずつで十分——22

5　出しておいたほうが便利なものは
　目を楽しませる飾り方を——24

6　キッチンに「鏡」を貼ると
　わかる二つの効果——26

7　朝食にアペリティフに……
　バーテーブルがあれば
　シーン別に楽しめる——28

8　グラスは揃えなくても
　いろいろあるほうが楽しい——30

9　食洗機など「家事の省略」は
　福をもたらす——32

10　その時の自分に寄り添って
　くれる音楽を流す——34

Chapitre **2**
Le repas
「食」
簡単で美味しい
「パリ流」レシピ

idée

11　朝の卵料理
　「ウフ・ア・ラ・コック」は
　美味しい塩にこだわって——40

12　忙しい日の朝は
　「タルティーヌ」で
　糖分をしっかり時短摂取——42

13　ギリギリに目覚めた朝は
　家族が喜ぶ「カトルカール」
　一切れでエナジーチャージ——44

14　平日のおやつは頑張らなくても
　クッキーにフルーツをのせて
　高級パティシエのデザート風に——46

15　共働き夫婦の平日は
　無理しない！
　「パスタ&サラダ」だけの夜も——48

16　ワインにチーズとバゲット、
　この3つがあれば満ち足りる——50

17　ソースやドレッシングは買わない
　ディジョンマスタードと
　オリーブオイルの2つがあれば——52

18　「パイシート」を常備しておくと
　夕飯にデザートに大活躍——54

idée

19 お菓子初心者でも作れる
パリジェンヌお気に入りの
りんごのレシピ——56

20 心と体を温めるスープ、
「ヴルーテ」で幸せ気分に——58

21 夕食後のデザートは
平日でもマスト！ 旬の果物＆
ヨーグルトが人気——60

22 夕飯の〆はカフェインでなく
安眠のために
ハーブティーを——62

23 食べ物を大切にする
心から生まれた
フランス伝統のおやつ——64

24 子どもと休日に挑戦した
秤いらずの簡単ケーキ——66

25 週末ピクニックには
バゲット1本まるごと使った
野菜とハムのミニサンド——68

26 ムッシューもパリジェンヌも
愛する焼き菓子は
チョコレートがたっぷり——70

27 アペリティフにおすすめ！
みんながつまめる
熱々のプチクロワッサン——72

28 いつもの野菜も
ピュレ状にしたら
たちまちご馳走に早変わり——74

29 あと一品欲しいときに
火を使わずできる逸品——76

Chapitre **3**

L'intérieur
「住まい」
適度にミニマムで
すっきり、くつろげる部屋に

idée

30 スペースこそが一番の高級品！
「脚付き」家具で、床が広々——82

31 大きなダイニングテーブルが
使いやすい——84

32 ダイニングはたった1枚の
テーブルクロスで
オンオフが切り替わる——86

33 ソファまわりは
ローテーブルも置かず
すっきりと——88

34 「借景」の素晴らしさ！
窓からの眺めがよければ
それをインテリアとする——90

35 サラダボウルやカラフは
使わないときは
花と共に「見せる収納」に——92

36 家族が描いた絵も
「額縁」に入れたら
部屋を飾る立派な「アート」——96

37 「灯り」は置いたり、掛けたり
部屋のアートとして楽しんで——98

38 服や物は最小限！
小さなクローゼットと
コンソールだけ——102

39 リネンもタオルも収納いらず！
いつでも洗い立てを使える——104

Chapitre **4**

Le week-end
「週末」

マルシェや公園、パリ郊外へ
美味しい食と安らぎを求めて

idée

40 週末は朝から
美味しい食材を求めて
マルシェへ Go——110

41 話題のカフェや
レストランで
新しい食の冒険を——112

42 公園や森、水辺で
太陽と風をいっぱい感じる
フランス式ピクニック——114

43 週末は友人同士、
招いたり招かれたり
お庭でごはん会も——116

44 1泊2日でパリ郊外の
シャトーへ！ スパや料理で
心身を癒やして——118

45 パリから一番近い海、
ノルマンディーで
海の幸を楽しむ——122

Chapitre **5**

La vie
「生きる」

他にもある、
パリジェンヌの日々の楽しみ方

idée

46 "装い"を楽しむ
お化粧も服も
「私らしい」が一番の装い——130

47 "1人時間"を楽しむ
自分を内面から
輝かせる時間を大切に——132

48 "仕事"を楽しむ
パリジェンヌは
仕事を持ってこそ
人生を楽しめる——134

49 "体づくり"を楽しむ
パリジェンヌたちが
太らないワケ——136

50 "節約"を楽しむ
手作りや古い物に価値を置き
お気に入りは
最後まで使い尽くす——138

Épilogue おわりに——140

〈レシピの表記〉
・小さじ＝5㎖、大さじ＝15㎖。 ・卵はMサイズを使っています。
・オーブンの温度や焼き時間はあくまで目安です。オーブンの機種によって変わる
　ので、使用するオーブンに合わせて調整してください。

Ma maison —我が家—

家族構成：私、夫、息子の3人暮らし
　　　　　（娘は独立。現在、東京で生活）
家の広さ：70㎡
間取り：2LDK（リビング+ダイニング+
　　　　　　キッチン+寝室2）
家の形態：集合住宅（持ち家）
築年数：築約70年　　居住歴：23年
場所：パリ左岸

Chapitre 1

La cuisine
「キッチン」

使いやすい快適な
空間づくり

idée

1

小さなキッチンの
いいところ

広々としたキッチンはみんなの憧れ。私も同様です。けれどパリという都会に暮らし、小さなキッチンを日々使う中で良いところもたくさんあることに気がつきました。

我が家のキッチンは窓辺にシンク、その下にフライパンや鍋を入れる小さな収納棚があります。その左側にはバーテーブル、右側には奥から二口コンロやオーブン、食洗機、冷蔵庫が並び、上には皿などを収納する吊り戸棚が。必要なものが近いところにキュッと集まったつくりになって、調味料や食材など何でもさっと手に取れて大変便利です。コンパクトな空間で指揮者のようにリズミカルに料理ができるのです。また、油など汚れる範囲も最小限で済むのでお掃除も簡単。

フランスのキッチンは日本で人気のオープンキッチンより扉で仕切られた独立型のクローズドキッチンが主流なのですが、私はこちらのほうが好き。ドアを閉めれば小さな自分だけの空間になり、お気に入りの曲を聴きながら、美味しい料理をじっくりと誰にも邪魔されずに作ることができます。料理の匂いが居間や寝室に入り込まないのもメリットです。

16 「キッチン」使いやすい快適な空間づくり

Chapitre 1 La cuisine

壁の明るい緑は飽きのこない色。陽の光を包み込み、花や観葉植物との相性も良好です。

idée 2 冷蔵庫が小さくても十分な理由

冷蔵庫は物を詰め込まないようにすっきりと。上段は作り置きおかず用にいつも空けています。

世の中、冷蔵庫に頼り過ぎのような気がします。私たちは食料品を自動的に冷蔵庫に入れがちですが、冷蔵する必要のないものや、涼しい時期なら冷蔵庫の外に出しておいても十分なものも。一昔前までフランスも窓や壁から外に突き出した天然のミニ冷蔵スペースやカーブ（地下倉庫・これは今もあります）で十分だったとか。

とはいえ無くても困るので、我が家では小さな冷蔵庫（右写真手前）を置いています。不便はありません。ひと目で何が入っているかわかるので、うっかり腐らせることもなく、背が低いのでキッチンの視界も広がります。肉や魚など、傷みやすいものは冷蔵庫に入れますが、野菜や果物などは外に出して、早く食べるようにしています。冷蔵庫で寿命を延ばし、生気を失いかけたものより、マルシェで買ったばかりの野菜や果物を新鮮なうちに食べたほうが、美味しいし、元気をくれるような気がしませんか。

Chapitre 1 La cuisine

白い吊り戸棚に日常使いのお皿やコップ、乾物、調味料などをまとめて収納しています。

idée 3 野菜や果物は常温保存!並べれば素敵なインテリアに早変わり

前のページでお話したように、我が家では、果物や野菜はなるべくナチュラルな状態で食べたいので、冷蔵庫には入れずにキッチンやリビングに並べておき、新鮮なうちに早めに食べるようにしています。

野菜や果物はよく見るととても美しい色形をしていることに気づきます。ニュアンスある色合い、芸術的な流線形、自然界の素晴らしいオブジェです。その昔、芸術家たちは、その美しさに魅せられて何枚もの絵にしてきました。

窓辺にアーティチョークを花のように活けたり、りんごを等間隔で並べたり。ローリエなどを紐で束ねてスワッグにして壁にかけても素敵です。食べるまでの間、部屋のあちこちに飾ってインテリアとして楽しめば、生花を飾るのにも似た明るさを家にもたらしてくれます。オブジェに飽きたら、食べてまた新しいものをお迎えできる、そこがこのインテリアのいいところです。

飾られた果物もうれしそう……。可愛い彼らを食べるときは、心して「いただきます」。

20 「キッチン」 使いやすい快適な空間づくり

Chapitre 1 La cuisine

果物をダイニングにもよく飾ります。シンプルなガラスの器は義父から譲り受けたもの。

idée
4

フライパンと鍋は
3つずつで十分

どんなときも、遊び心を忘れないのがパリの人々。私も
そうありたいと思っています。それはキッチンでも！

小さくてもすっきりシンプルなキッチンを目指したいので、
調理道具は少なめにしています。その代わり、1つで何役も
こなせる活用法を楽しみながら探っています。

例えば、フライパンとお鍋は3つずつ。我が家は4人家族で、
これらを駆使していろいろなものを作ってきました。

一番大きな深めのフライパンは、炒め物だけではなく、煮
物や揚げ物もできて重宝。お鍋代わりにもなり、ラビオリな
どのパスタをゆでるのにぴったりです。元々クレープ用に買
った中型のフライパンは、ちょっとした野菜炒めや卵焼きに
使えて便利。一番小さいフライパンはソース作りや1人分の
リゾットに。昨日の残り物のおかずで1人ランチというとき
にちょうど良い大きさです。

大きい鍋はスープ作りや煮込み料理以外にも、様々なパス
タゆでにと大活躍。中くらいの鍋はケーキ作りのボウルにも
最適。一番小さいミルクパンはゆで卵を作ったり、ドリンク
を温めたり、少量の揚げ物にも、マルチで活躍しています。

22　「キッチン」 使いやすい快適な空間づくり

Chapitre 1 La cuisine

この６つのお鍋＆フライパンで、毎日の料理が作られています。

idée 5 出しておいたほうが便利なものは目を楽しませる飾り方を

塩やハーブなどの調味料やナッツ、ドライフルーツなどを揃いの空き瓶に入れて収納してます。

　我が家のような小さなキッチンでは収納も限られているので、お皿やカップ、カトラリー、調理道具などの数は必要最小限にして、棚に見えないように収納しています。

　ですが、塩、こしょうなどの調味料やオイルは、戸棚にしまい込まずに、出しておいたほうが断然便利。ただ、容器のデザインによっては生活感が漂ってしまうこともあるので、そんなときはお揃いの透明な空き瓶を再利用すると統一感が生まれ、キッチンをすっきりおしゃれに見せてくれます。元々、フォアグラやパテが入っていた瓶などは湿気が防げるようにパッキンがついて密閉できるのでおすすめです。

　また、ザルや水切りカゴ、石鹸入れなども見せる収納として外に出しています。それらは実用品とはいえ、一つ一つ「素敵」と思える色や形、素材のものだけをこだわりを持って選べば、必ず目を楽しませてくれるはずです。

Chapitre 1 La cuisine

お気に入りの白いホーローの水切りカゴは、シンクの近くに飾って。すぐに使えて便利です。

25

idée

6 キッチンに「鏡」を貼ると わかる二つの効果

キッチンの壁にいくつかの鏡を貼っています。鏡の反射効果で、小さなキッチンに奥行きと開放感が生まれるからです。

鏡はまわりに額などの装飾もないシンプルなものがベスト。壁がすっきり、空間に軽やかさも加わります。

鏡への映り込みで、物が倍あるような錯覚を生み出してしまうので、キッチンをいつもすっきりと片付けておく心構えは必要です。

キッチンに鏡を貼る利点はもう一つ。それは料理をする自分がふと映ったときに、さりげなく表情をチェックできること。ボサボサ髪で眉をしかめて包丁を握っている自分が映っていたら「おっと、いけない」と自分を正すことができます。お気に入りのエプロンをつけて、料理をしている自分が映ったら「ボンジュール！」と微笑むことのできる人でありたいものです。

料理している最中に、急な来客をお迎えする時も、お客様がいるリビングにキッチンから向かう時も、慌てず「身だしなみ確認」ができる点も便利です。

「キッチン」 使いやすい快適な空間づくり

Chapitre 1 La cuisine

キッチンは東向き。朝は鏡にも光が反射して、目覚めを良くしてくれます。

idée 7

朝食にアペリティフに……
バーテーブルがあれば
シーン別に楽しめる

キッチンの片側にはバーテーブルを設置しています。朝はここで家族それぞれが、タルティーヌにカフェ・オ・レなどの軽い朝食をとって出かけていきます。夜は、野菜を切ったり、小麦粉を混ぜたり、調理台になると同時に、お腹が空いて夕飯を待ちきれない家族が、ここでアペリティフ（食前酒）を始めるバーになることもしばしばです。

食事が始まる前から、ワインを開けてバゲットにチーズやナッツなどをつまんで、時には立ったまま、今日の出来事などのおしゃべりが始まるのです。私はワインを飲みながら料理を続け、おつまみは彼らが口に入れてくれます。そして休日は彼らがシェフになって役割交代です。

時にはそのままダイニングに移らず、バーテーブルで、パスタやサラダなどシンプルな夕飯をとることも。

私は時に仕事がおして、夕食の準備を始める時間と、みんなが帰宅する時間が同時くらいになることもありますが、この習慣のおかげで「料理をしなくては」というストレスがありません。料理タイムとアペリティフタイムが混ざり合った、一日の終わりのリラックスタイムです。

28 「キッチン」 使いやすい快適な空間づくり

Chapitre 1 La cuisine

パンの焼ける香りがキッチンに届くほど近い、パン屋さんのバゲットで朝食。

idée

8

グラスは揃えなくても
いろいろあるほうが楽しい

様々なものがミニマムな我が家ですが、グラスの数だけは多いのです。理由はパーティーを頻繁に開くため。6人くらいの着席でのおもてなしから、20人以上のビュッフェパーティーまで大勢のお客様をお招きしています。

どんなに招待客が多くなっても使い捨てのコップは使わないことにしています。美味しいワインやシャンパンは、透明で美しいクリスタルやガラスのグラスでいただきたいもの。

最初は揃っていたグラスも今やばらばらになりました。パーティーのたびに一脚は割ってしまうのです。最初はセットで買い足していましたが、最近は「素敵だな」と思うものを見つけたら1脚でも購入することにしています。それならちょっと高くても良いものを買うことができます。それを繰り返すうちに様々なデザイン、流行のグラスが集まりました。並べてみると不思議と調和がとれています。

ゲスト各々に合ったグラスを事前に選んで席に置いたり、ビュッフェの時は夫が「君にはこれが似合うよ」とゲストに合うグラスに飲み物を入れて差し出したり。楽しさも生む我が家のグラスたちです。

Chapitre 1 La cuisine

ガラスやクリスタルの美しさを、フランスに来て知った気がします。

idée
9
食洗機など「家事の省略」は福をもたらす

パリでは共働き夫婦が一般的です。私も働いているので、毎日しっかり家事をする時間はありません。夫も家事に参加してくれますが、やはり彼も家では、仕事の疲れを癒したいものです。

そんなとき、家事負担のストレスを解消してくれるのが食器洗い機（食洗機）です。パリでは必ずと言っていいほどキッチンに食洗機が備え付けられています。一日の終わりに、その日にたまったお皿やグラスなど汚れたものを食洗機に入れておけば、キッチンもすっきり片付き、翌朝からは気分一新、きれいな器を使えます。

そして、週に一度は家政婦さんに掃除などの家事をお願いしています。パリでは珍しいことではありません。

「家事の省略」は決して悪いことではないと思います。夫婦のストレスを減らし、心を安らげ、家族と触れ合う時間も増やせます。そうして得た時間で、ソファに座りこんで一緒にビデオを見て笑ったり感動したり。お風呂にのんびり浸かったり、たっぷり眠ったりしたほうが、誰もが幸せな気分になるのではないでしょうか。

Chapitre 1 La cuisine

家事でクタクタのママンより、食洗機などを使って笑っているママンがいい！

idée

10 その時の自分に寄り添って くれる音楽を流す

日常のお料理は、ある種のセラピー。単純な手作業が多くて集中できるので、頭がニュートラルになり、自分自身を取り戻すことができる気がしています。

けれど、忘れていたはずの問題や不安などに気持ちが惑わされてしまうことも。

私はキッチンで、その日の気分にあった音楽を選んで流します。それは私に寄り添って、精神状態を整えてくれる素晴らしい効果を持っています。

音楽のおかげで落ち着けたり、元気づけられたり、前向きになれたり、幸せな気持ちになったり、人生、気楽に行こう、と思えたり。

音楽とは不思議なパワーを与えてくれる、副作用ゼロの薬のようだと感じます。

ミュージシャンの友人も多いので彼らの曲もよく聴きます。ネットで聴けば彼らにいくらか貢献できますし。「すごいな。私も頑張らなくちゃ」と、野菜を炒めたりソースをかき混ぜたりしながら聴いて、背筋もシャキッと伸びる、音楽家の友限定の効用もあるようです。

34 「キッチン」 使いやすい快適な空間づくり

Chapitre 1 La cuisine

そのときに心が欲した曲を聴きながらお料理を。それは素敵なキッチンセラピー。

カフェ・オ・レはお気に入りのアイボリーのカップで。毎日使うものだから自分らしいものを選んで。

テーブルセッティングの参考にしたい、パリ郊外の古城のナプキンとカトラリー。

Chapitre 2

Le repas
「食」

簡単で美味しい
「パリ流」レシピ

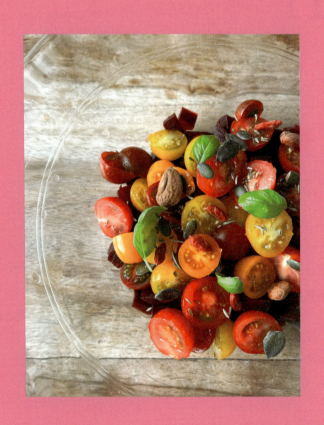

idée 11

朝の卵料理
「ウフ・ア・ラ・コック」は
美味しい塩にこだわって

ウフ・ア・ラ・コックは卵の美味しさが際立つ、世界で一番上品な卵の食べ方ではないかしら。それは、黄身が絶妙にとろける「半熟ゆで卵」のことで、フランス人の大好物。作り方は簡単なようで、気が抜けません。冷蔵庫から出して15分ほど常温に戻しておいた卵を、沸騰したお湯にそっと入れて5分ゆでます。ゆであがったら熱々のまま素早くコクチェ（エッグスタンド）に置いて、小さなスプーンでそっと頭を叩いて、上部分の殻を壊します。その天辺に、うま味たっぷりの「ゲランドの塩」を数粒のせ、細く切ってカリッと焼いたパンですくって食べます。

　ゲランドの塩はフランス北西部の自然保護区にある「ゲランド塩田」でとれた有名な天日塩です。ふつうの食塩よりナトリウムの量が控えめで、その分、カルシウムやマグネシウム、カリウム、鉄分……などのミネラルが多く含まれていて、健康に良いと言われています。女性の体の大きな味方になるとも言われていて、ここ30年くらい、私はずっとゲランドの塩を使っていますが、おかげで月経異常や更年期障害などの子宮のトラブルもなく、健康に過ごせています。

40　「食」 簡単で美味しい「パリ流」レシピ

Chapitre 2 Le repas

モロッコのカサブランカで見つけた手描きのコクチェ。朝の食卓が華やぎます。

idée 12

忙しい日の朝は「タルティーヌ」で糖分をしっかり時短摂取

フランスの朝食は、映画によく出てくるカフェ・オ・レとクロワッサン、それだけではありません。エスプレッソを飲む人もいれば、コーヒーや紅茶、最近では緑茶を飲む人も増えています。

そしてクロワッサンと並ぶ、定番メニューがタルティーヌ。バゲットを細長く横にカットして、バターを塗る、というよりたっぷりと盛り、コンフィチュール（ジャム）やハチミツをたっぷり塗ったスイートな朝食です。ノワゼット（ハシバミの実）入りのチョコレートペーストを塗るのも子どもたちは大好きです。フランスでは朝食に甘いものを食べるのが習慣。寝起きで食欲がなくても口に入りやすく、エネルギー源になり、脳の活動にも大切と考えられているからです。

ちなみに私は長年、平日は「朝断食」をしています。レモンを絞り、冷えたエヴィアンで割った「レモンウォーター」と、カフェ・オ・レだけをとるのが習慣。朝から体が軽く、ハードなダンストレーニングも心地よくできます。睡眠をたっぷりとった週末だけは朝遅めに起きて、ゆっくりタルティーヌをいただく、それが私の幸せ時間のひとつです。

Chapitre 2 Le repas

焼きたてのまだ熱いパンに、バターがとろける。ダイエットの話など誰もしない朝。

idée 13

ギリギリに目覚めた朝は
家族が喜ぶ「カトルカール」
一切れでエナジーチャージ

カトルカールとは４／４の意味。卵、バター、砂糖、小麦粉の４つの材料を同量ずつ使って作る伝統的な甘い焼き菓子です。今回はキウイを入れて焼いてみました。ほんのり酸っぱさと粒々の食感がうれしいケーキです。

Recette

果物入りのカトルカール

<材料>
（22cmのパウンド型１台分）

・薄力粉150g

・砂糖150g

・無塩バター150g　＋型に塗る分

・溶き卵150g（卵３個くらい）

・ベーキングパウダー3g

・キウイ1個
　（バナナや梨やいちごでも可）

<作り方>

❶薄力粉と砂糖、湯煎で溶かしたバター、溶いた卵をよく混ぜ合わせる。

❷①にベーキングパウダーを加え、まんべんなく混ぜる。

❸②に輪切りにしたキウイを入れ、サクッと混ぜ合わせる。

❹バターを塗った型に③を入れ、180度に温めたオーブンで40分ほど焼く。竹串を刺して、生地がつかなければ完成。

Chapitre 2 Le repas

果物の他、クルミやアーモンド、パンプキンシードなどを混ぜて作っても美味しい。

idée 14

平日のおやつは頑張らなくても
クッキーにフルーツをのせれば
高級パティシエのデザート風に

日本は「3時のおやつ」ですが、フランスのおやつは4時から。大人たちも4時くらいになるとコーヒーブレイクをします。このあたりの時間になると大人も子どもも甘いものが欲しくなるのは脳や体が回復、活性化のために求めているからだそう。体の声を素直に聞くのは大切なことです。そんなわけで「グテ＝おやつ」の時間です。

「グテ」というフランス語は「おやつ」という名詞であると同時に「味見をする、味わう」という動詞。すなわち、おやつは、ほんの少し嗜むだけです。

少量でも満足感を与えてくれるのが「クッキーの果物のせ」。家にある果物を薄切りにしてのせるだけの簡単さで、忙しい平日でもパパっと作れるのも魅力です。

プレーンでも胡麻入りでも好きなクッキーを選んで、果物とのマリアージュを楽しみましょう。果物のビタミンが加わり、体にもヘルシーです。右写真では塩味のするクッキーにバナナやいちじく、マスカットをのせています。見た目も味わいも、まるで高級お菓子屋さんのスイーツのよう。不意のお客様がみえたときでもおすすめです。

Chapitre 2 Le repas

家にある果物をのせるだけのおやつ。お皿は蚤の市で見つけた「ベルナルド」の骨董。

idée 15

共働き夫婦の平日は
無理しない！
「パスタ＆サラダ」だけの夜も

きのこの国フランスで秋になると作りたくなるのがシャンピニオンのクリーム煮。パスタのみならずご飯や魚に合わせても。マッシュルームにエリンギやしめじ、椎茸など、お好みのきのこを合わせて作ってみてください。

Recette

シャンピニオンのクリーム煮のパスタ

＜材料・4人分＞

・パスタ（スパゲッティーニ）400ｇ
・きのこ（マッシュルームとお好みのきのこを1、2種類）食べやすい大きさに切り分ける　400ｇ
・エシャロット　薄切りにする（または玉ねぎ）200ｇ
・ニンニク　2片
・生クリーム　250㎖
・塩、こしょう　各少々
・油かバター　適量
・シブレット（チャイブのこと、あさつきや小ネギでも可）長さ5㎝に切る　適量

＜作り方＞

❶鍋に湯を沸かし、塩を適量（分量外）加えて、パスタをゆで始める。

❷きのこを油かバターで強火でしんなりするまで炒め、皿に取り出しておく。

❸フライパンに油かバターを足して、エシャロット、スライスしたニンニクの順に中火で炒め、エシャロットに色みがついてきたら、②を加える。

❹③に生クリームを加えてひと煮立ちさせ、塩、こしょうで味をととのえる。

❺ゆであがったパスタに④のソースをかけて器に盛る。シブレットを散らす。

48　「食」 簡単で美味しい「パリ流」レシピ

Chapitre 2 Le repas

子どもたちも大好きなメニュー。大人はぜひ、相性抜群の白ワインと共にどうぞ！

idée
16
ワインにチーズとバゲット、
この3つがあれば満ち足りる

チーズがない食生活など考えられないフランス。それは家庭の常備食品です。

伝統的には主食を腹八分目で終えてから、バゲットやグリーンサラダと一緒にいただくもの。時にはアペリティフのおつまみにもなります。

私は美味しい食べ頃のチーズが手に入ったら、主食を少なめにしてチーズのためのスペースを胃袋に残しておきます。

フランスのチーズはカマンベールやロックフォール、コンテ、モン・ドール……と、その種類は1200以上あって、同じ産地のワインと味わうのが通とされています。

冷たすぎると固くなるので、家庭では冷蔵庫の野菜室で保存しましょう。食べる15分くらい前に、冷蔵庫から出して常温に戻しておくとより美味しく食べられます。

急な友人たちの来訪でも、チーズが幾種類かあれば、ワインとバゲットを加えて、ミニパーティーに。ドライフルーツや、ハム、パテなどのシャルキュトリーを添えれば、もう祝祭。テーブルでずっとおしゃべりを楽しんでいられる、簡単な「おもてなしセット」になります。

50　「食」簡単で美味しい「パリ流」レシピ

Chapitre 2 Le repas

先割れしているチーズナイフで、それぞれ好きな量のチーズをお皿にとっていただきます。

51

idée 17

ソースやドレッシングは買わない
ディジョンマスタードと
オリーブオイルの2つがあれば

フランス人は市販のドレッシングをあまり買いません。それよりも自宅で手作りするのを好む人が多いよう。そんなフランス人が必ず常備している調味料がこの2つ。

イタリアやスペインほど多くありませんが、フランスもオリーブオイルの生産国。南仏のプロバンス地方やコルシカ島のものが有名です。中でもオリーブの果実を搾って濾過しただけの「一番絞り」のエキストラバージンオリーブオイルのすっきりとした味わいが好きで、パンにつけたりマリネなどのソースにしたり。ディジョンマスタードは、ブルゴーニュの町、ディジョンで古くから作らているマスタードで日本でも入手可能。粒マスタードと違う滑らかな舌触り、ツンとした辛さはなく上品な味わい。これもフランス人は大好きで肉・魚料理のソースにもサラダのドレッシングにも使います。

ここで、私がよく作るサラダドレッシングで好評なレシピをご紹介。オリーブオイル大さじ3に白ワインビネガー大さじ2（レモン汁でも）、塩こしょう少々を混ぜ、みじん切りにしたニンニクを少し加えるだけ。ニンニクの代わりにディジョンマスタード大さじ1を加えても美味です。

52　「食」簡単で美味しい「パリ流」レシピ

Chapitre 2 Le repas

良い素材を使えばシンプルなドレッシングも絶品に。ニンニクはくれぐれも新鮮なものを。

idée

18

「パイシート」を常備しておくと夕飯にデザートに大活躍

女性も仕事を持つのが当たり前のパリ。時には夕食の準備がままならない日もあります。こんな夜のために、「冷凍パイシート」を常備しておくと、簡単に完成。野菜や果物などをのせてオーブンに入れるだけ！

Recette

ナスとズッキーニのパイ

＜材料＞

・冷凍パイシート（直径約30cmの円形　市販品★）1枚

★パイシートの大きさ、形はお好きなものを。それに合わせて野菜の量を加減してください。

・ズッキーニ　2〜3本

・ナス　3〜4本

・塩、こしょう　各少々

・オリーブオイル　適量

・クミン、バジル　あれば少々

＜作り方＞

❶ズッキーニとナスを約3mm幅の輪切りにする。

❷解凍したパイシートに①のズッキーニを外側から内側にかけて円を描くように並べる。ズッキーニが終わったら、続きからナスを同様に並べる。

❸②の上に塩、こしょう少々をふって、180度に温めたオーブンで20〜30分焼く（パイシートの大きさにもよるので、加減してください）。

❹焼き上がりにオリーブオイルをかける。クミンがあればふりかけ、バジルがあればのせる。

Chapitre 2 Le repas

好みで焼き上がる5分くらい前にチーズをかけたり、卵、ハムを落としたりしても美味しい。

idée
19

お菓子初心者でも作れる
パリジェンヌお気に入りの
りんごのレシピ

失敗知らずのりんごのタルト、タルト・オ・ポム。私は
ノルマンディー産のりんごを市場でどっさり買って
きて、よく作ります。りんごから甘みがあふれるので砂糖い
らず。簡単で体に良いお菓子です。

Recette

砂糖いらずのタルト・オ・ポム

＜材料＞

・タルトカップ（直径22㎝の焼成済
　の丸型タルト　市販品★）
★手作りしたほうがさらに美味しく。
　タルトカップのレシピはインスタグ
　ラムに紹介しています。
　https://www.instagram.com/
　ako.lifeart.paris
・レモン　半個
・りんご　3個
　（りんごの大きさにより加減して
　ください）
・好みでバニラアイスクリームか
　生クリーム　適量
・好みでクルミやドライプラムなど
　適量

＜作り方＞

❶りんごを櫛形に薄く切り、切った順
　に色が変わらないようレモン汁につ
　ける（味も良くなる）。有機りんごで
　あれば皮がついたまま使える。

❷タルトカップに、汁気を切った①を
　ぎゅうぎゅう詰めに並べる。

❸180度に温めたオーブンで30分ほ
　ど焼く（りんごの種類にもよるので
　時間は加減して）。

❹焼き上がりに、お好みでバニラアイ
　スやホイップした生クリームを添え
　たり、クルミやドライプラムなどをト
　ッピングしたりしてもＯＫ。

Chapitre 2 Le repas

甘党ならりんごの下にりんごジャムを塗ったり、上から砂糖をかけたりするのもおすすめ。

idée

20
心と体を温めるスープ、
ヴルーテで幸せ気分に

ス ープの中でもクリーミーでこってりしたポタージュ
はフランスでは「ヴルーテ」とも呼ばれる人気のメニ
ュー。中でもカリフラワーのヴルーテは、カリフラワーの一
番美味しい食べ方だと思うほど上品な味わいで絶品です。

Recette

カリフラワーのヴルーテ

＜材料・4人分＞

・カリフラワー　半分〜1個
　（約350ｇ）
・じゃがいも　2個（約150ｇ）
・牛乳（豆乳などの植物性ミルク
　でもOK）150㎖
・コンソメ（固形タイプ）　1個
・バター　小さじ1
・塩、こしょう　各少々

＜作り方＞

❶カリフラワーは小房に分ける。じゃ
　がいもは皮をむき、ひと口大に切る。

❷①を鍋に入れて、ひたひたの水とコ
　ンソメも加えて 中火で煮る。

❸野菜に火が通ったら、一度、火を止
　めて、牛乳を加え、塩、こしょうで味
　をととのえる。

❹③をブレンダーでミックスする。ブレ
　ンダーがなければスプーンやフォー
　ク、マッシャーでつぶしても。

❺④にバターを加え、再び弱火でやさ
　しくかき混ぜながら温める。

58　「食」 簡単で美味しい「パリ流」レシピ

Chapitre 2 Le repas

仕上げに、クミン、カレー粉、オレガノのどれかを少々加えても美味しい。

idée 21

夕食後のデザートは
平日でもマスト!
旬の果物&ヨーグルトが人気

悪さをした子どもを反省させるために、パパやママンが「今日はデザートはなしですよ!」と言うくらい、デザートは1日のご褒美。フランスの夕飯にデザートは欠かせません。

フランス料理は、和食のように糖分（料理に砂糖やみりんを使用）を加えないため、朝食でタルティーヌなどの甘いものを食べたり、デザートとして夕飯後に食べたり、体が糖分を必要とする、という説があります。

ともかくデザートを食べて食事を締め、ホッとしたいのがフランス人です。とはいえ、毎日甘いケーキを食べているわけではありません。夕飯後のデザートとしてよく食されているのが季節の果物やヨーグルトです。果物をお皿の上でナイフを器用に使ってカットして、そのままいただいたり、スーパーで買ってきたヨーグルトと混ぜて食べたり。右写真は我が家で人気のデザートでもある、いちごのヨーグルト。ヨーグルトの中にフレッシュないちごやベリーを加え、サクサク感を楽しむためにシリアルも混ぜて、仕上げに生クリームをホイップしてトッピング。ヘルシーでありながら満足感があります。

Chapitre 2 Le repas

市販のヨーグルトを脚付グラスに入れてデコレーション。突然のお客様にもぜひ。

idée
22 夕飯の〆はカフェインでなく 安眠のためにハーブティーを

セーヌ河岸の我が家の近くに、広く美しい植物園があります。お城のような館や温室が建つそこは、実は17世紀にルイ13世が設立した元王立薬草園。フランス革命まで歴代の王や宮廷の薬としてのハーブが育てられていたそう。そんな歴史もあり、フランスではハーブティー（仏語で「ティザンヌ」）が昔から好まれてきました。今でも「風邪をひきそう」という人には「熱々のティザンヌを飲んでよく眠ってね」と言っていたわります。レストランやビストロにも夕刻やディナーの後に飲めるように各種ハーブティーが常備してあります。

コーヒーや紅茶、緑茶などに含まれるカフェインは覚醒作用と利尿作用があるので、就寝数時間前に飲むと、睡眠障害を起こしてしまうことがわかっていますが、ハーブティーはノンカフェインでその心配がなく「よく眠れる、心が落ち着く、消化に良い、体を温める」など、いろいろな効能があると言われます。パリではカモミール、ベルベーヌ（レモンバーベナ）、ティユール（リンデン＝菩提樹）、ルイボスなどがよく飲まれますが、私はミント入りのベルベーヌが好きでよく夕食後に飲んでいます。

Chapitre 2 Le repas

「ティザンヌ、飲む人?」。食後に家族の誰かが、みんなにオーダーをとって出してくれます。

idée

23
食べ物を大切にする心から生まれたフランス伝統のおやつ

日本ではフレンチトーストと言われるパン・ペルデュ。本場フランスのそれは、食べ残して固くなったバゲットを使って作ります。名の意味は「失われたパン」。こんなに美味しく生まれ変わることに驚きですね。

Recette

パン・ペルデュ　オレンジとナッツ添え

＜材料・4人分＞

・バゲット　¾本

・卵　3個

・牛乳
　（豆乳などの植物性ミルクでも可）
　380㎖

・バター　適量

・好みでオレンジ、ナッツ、粉砂糖、
　はちみつ、シナモンなど　適量

＜作り方＞

❶卵をボウルに入れよくかき混ぜる。

❷①に牛乳を加え、さらにかき混ぜる。

❸バゲットを約3㎝幅に輪切りにして、タッパーに並べる（重なってもOK）。

❹③に②をかけ、一晩冷蔵庫で寝かせる（途中で何度か上下逆にし、バゲットに②がまんべんなく染み込むようにする）。

❺温めたフライパンにバターを多めに入れ、弱火でバゲットの両面を丁寧に焼く。

64　「食」　簡単で美味しい「パリ流」レシピ

Chapitre 2 Le repas

お好みでオレンジやナッツ、粉砂糖、はちみつ、シナモンなどをトッピングしても。

idée

24

子どもと休日に挑戦した秤いらずの簡単ケーキ
（はかり）

市販のヨーグルトのカップが計量器代わり。道具が使えるようになった子どもたちの多くが、初めてのトライするお菓子作りが、ヨーグルトのベイクドケーキです。洗い物が少なくて済むのも助かります。

Recette

ヨーグルトケーキ

<材料>
（直径18×高さ6cm のラウンドケーキ型1台分）

・ヨーグルト　1ヨーグルトカップ
（★）

★市販のミニヨーグルトの容器
　（150㎖）を薄力粉と砂糖、
　植物油の計量に使います。

・薄力粉　3ヨーグルトカップ

・砂糖　2ヨーグルトカップ

・植物油　半ヨーグルトカップ

・ベーキングパウダー　4g

・卵　3個

・バター（型に塗る分）

<作り方>

❶ヨーグルトをボウルに移す。砂糖を入れてよく混ぜる。

❷①に卵を1個ずつ割り入れ、その度にかき混ぜる。

❸②に薄力粉、ベーキングパウダー、植物油を加えてよく混ぜる。

❹型にバターをぬり、180度に温めたオーブンで40～45分ほど焼く。竹串を刺して、生地がつかなければ完成。

66　「食」　簡単で美味しい「パリ流」レシピ

Chapitre 2 Le repas

薄力粉などと一緒に、レモン汁を少量加えても美味しく仕上がります。

idée 25
週末ピクニックには
バゲット1本まるごと使った
野菜とハムのミニサンド

太陽が顔を出す週末は、パリ中の公園やセーヌ河岸、ヴァンセンヌの森やブローニュの森がピクニックに出かける人々でお祭りのように、にぎわいます。

そんなピクニックで家族や友人に好評なのがバゲットを1本まるごと使ったミニサンド。バゲットはこだわって、今、パリで人気の「バゲット・トラディション」に。

「バゲット・トラディション」は小麦粉、水、塩、酵母だけの材料を使って、昔ならではの伝統的な製法に則って作られています。普通のバゲットより短めで皮が厚く中はやわらか、素朴な味わいなのですが、そのバゲットを使って作ったサンドイッチが大変美味。作り方は簡単。バゲットの横に切れ目を入れ、内側に「ディジョンマスタード」を塗り、具を下からレタス、薄くスライスしたきゅうりやトマト、ハム、グリュイエールチーズの順に挟んで、六等分にカットすればできあがり。ぜひお試しあれ。

お腹がペコペコの日の1人分のランチにも! このままかじりつくのもあり。

「食」 簡単で美味しい「パリ流」レシピ

Chapitre 2 Le repas

バゲットサンドにはさむハムは生ハムやボンレスハムが美味。はみ出るくらい盛りつけて。

idée 26
ムッシューもパリジェンヌも愛する焼き菓子はチョコレートがたっぷり

ガトー・オ・ショコラはホームメイドがお決まりで、大人も子どもも大好き。ちびっこたちの誕生日パーティーでは、必ずといってよいほど登場します。

イチジクやいちご、ベリーなどの果物やホイップした生クリームをトッピングしても。

Recette

ガトー・オ・ショコラ

<材料>
(直径18×高さ6cmのラウンドケーキ型1台分)

・(カカオ含有率高めの)
　ビターチョコレート　125g
・無塩バター　125g
　(＋型に塗るための分)
・砂糖　125g
・薄力粉　80g
・卵　3個
・ベーキングパウダー　2g
・塩　ひとつまみ
・好みで生クリーム、
　季節の果物　適量

<作り方>

❶チョコレートは細かく刻んで、ボウルに入れる。バターも加えて湯煎にかける。

❷①に薄力粉とベーキングパウダーをゆっくり入れながら、よく混ぜ合わせる。

❸溶いた卵と砂糖を②に加え、さらによく混ぜる。塩をひとつまみ入れて軽く混ぜる。

❹型にバターを塗って③を流し込み、180度で温めたオーブンで35〜40分ほど焼く。

Chapitre 2　Le repas

このケーキを作れないパリのマダムはいないと言っても過言ではないくらい定番のケーキ。

idée
27

アペリティフにおすすめ！
みんながつまめる
熱々のプチクロワッサン

サクサクしたおつまみ風のミニクロワッサン。トマトソースやペストソースなどが練りこんであって、塩味なのでアペリティフに出すと大好評。下ごしらえをしておいて、食べる直前にオーブンへ。熱々が美味しい！

Recette

塩味のプチクロワッサン

<材料>

・冷凍パイシート（直径約30cmの円形　市販品★）1枚

★パイシートの大きさはお好きなものを。

・市販のトマトソース（トマトペースト、もしくはケチャップでも）適量

・市販のペストソース（ジェノベーゼソースのこと）適量

<作り方>

❶ パイ生地にトマトソースやペストソースを半分ずつ薄く塗る。

❷ ナイフで放射線状に16本等分に切り込みを入れる（パイシートの大きさによって、切り込みの数は加減して）。

❸ ②を一つ一つ、外側から中心に向かって巻き、クロワッサンの形にする。

❹ 180度に温めたオーブンで15〜20分ほど焼く（パイシートの大きさにもよるので、時間は加減してください）。

72　「食」　簡単で美味しい「パリ流」レシピ

Chapitre 2 Le repas

姿も可愛くてお客様にも大好評。ジャムやチョコペーストに変えて作っても。

idée

28
いつもの野菜もピュレ状にしたら たちまちご馳走に早変わり

秋のマルシェには様々な種類の可愛らしい色形のカボチャが並びます。フランスではポタージュにするのが定番ですが、私は時々ミルクの量を減らして、とろりとしたピュレ状に。素敵なアントレ（前菜）になります。

Recette

カボチャのディップ

＜材料・4人分＞

・カボチャ　900ｇ
・玉ねぎ　1個
・牛乳　適量
・塩、こしょう　少々
・好みでナツメグやクミン、
　生クリームなど　適量

＜作り方＞

❶カボチャは種とワタをとり、皮をむき、ザク切りにする。玉ねぎは薄切りにする。

❷鍋に①とひたひたになるくらいの牛乳を入れ、柔らかくなるまで弱火で煮る。

❸塩、こしょうをふって、ブレンダーで混ぜる（ブレンダーがない場合はスプーンやフォーク、マッシャーを使っても）。

❹好みでナツメグやクミン、生クリームなどを食べる前に加えても。

Chapitre 2 Le repas

お皿やボウルに入れるのもいいけれど、パーティーではこんなショットグラスに入れても。

idée
29
あと一品欲しいときに 火を使わずできる逸品

サーモンのタルタルはレストランでも人気。オリーブオイルで和えるのも美味しいですが、今回は少し贅沢な味わいの生クリーム和えタルタルを作りました。玉ねぎのアクセントが味をさっぱり引き立てます。

Recette

スモークサーモンタルタル

<材料・4人分>

・スモークサーモン　300g

・生クリーム　大さじ6杯

・赤玉ねぎ
（なければ普通の玉ねぎでも）
みじん切り　大さじ2

・シブレット
（チャイブのこと。アサツキ、小ネギでも可）小口切り　大さじ2

・塩、こしょう　各少々

・レモン汁　小さじ2

<作り方>

❶厚めのスモークサーモンを2cm角に切る。

❷①をボウルに入れ、生クリームで和える。

❸②に玉ねぎとシブレットを加え、さっくりと混ぜ合わせたら、塩、こしょうで味をととのえる。

❹食べる寸前にレモン汁を加えて全体に軽く混ぜ合わせる。

Chapitre 2 Le repas

スモークサーモンを使った簡単レシピ。パンにもご飯にも合います。

コンコルド広場にたたずむ18〜19世紀の装飾芸術が美しいオテル・ドゥ・ラ・マリーヌ。

お城のようなパリ市庁舎。20年以上にわたり、この前を通りダンススタジオのトレーニングへ。

Chapitre **3**

L'intérieur
「住まい」

適度にミニマムで
すっきり、くつろげる部屋に

idée
30
スペースこそが一番の高級品！「脚付き」家具で、床が広々

気がつけば約40か国を訪れている旅好きな私。時間が許せば、気軽に旅に出ています。旅の荷物はいつも最小限。持ち物は少なければ少ないほどそれに縛られることなく、フットワークが軽くなり、心身の自由度も広がります。

人生も旅と同じ。抱える物を最小限にして暮らすと、心身が軽く、視野が広がります。

そんなわけで、我が家は、物や家具を最小限にすることを心がけています。最新の収納テクニックに惑わされて、収納システムを次々と増やすこともしません。最低限の収納家具に、そこに収まるだけの必要最低限の物だけで暮らしています。

そして、我が家の家具は、「脚付き」がメインです。床が隠れないので、部屋の広さがそのまま目に映ります。同じアパルトマンの同じ間取りの住人が我が家に遊びに来たときに「同じ広さなのに、なぜこんなに広く見えるの？」と驚いたくらい。パリ郊外の一戸建てと比べると、市内のアパルトマン（集合住宅）は狭いので、「スペース＝何もない空間」は一番の高級品になりますね。

82 「住まい」 適度にミニマムですっきり、くつろげる部屋に

Chapitre 3 L'intérieur

本当に必要なものなんてほんの少し。物が少ない分、光や開放感でいっぱいの部屋に。

idée
31
大きなダイニングテーブルが使いやすい

　大きなダイニングテーブルは、家の中の交差点。家族や友人が自然と集まってくるにぎやかな場所です。我が家は部屋の真ん中に6〜8人は座れるくらいの大きなテーブルを置いています。ここは、のんびりできる日の夕食や、週末の昼食、お客様がみえたとき用のディナーテーブルに使うだけではありません。子どもたちが小さい頃は宿題をするデスクになったり、お絵描きテーブルになったりしました。

　時には、私が気分転換に場所を変えて原稿を書く仕事場と化したり（いつもは寝室のデスクやアトリエ）、学校やアパルトマンの書類を広げる場所になったり。立食パーティーではシャンパンやワイン、おつまみやデザートがグラスやお皿と共に並ぶビュッフェ台になったりします。

　テーブルの素材は木をおすすめします。シンプルな部屋でも、大きな木のテーブルがどんと部屋の真ん中にあると不思議と家に温かみが生まれます。リラックスできる椅子選びも大切。我が家はポリプロピレンの座面でお手入れしやすく、脚は温かみのある天然木。コロンとした丸みのある形も座りやすくて気に入っています。

Chapitre 3 L'intérieur

少しくらいの汚れや傷もウェルカム。我が家の歴史を刻んでいく頑丈なテーブルです。

idée 32

ダイニングはたった1枚の テーブルクロスで オンオフが切り替わる

お客様をお迎えする日は、いつものダイニングテーブルに白いテーブルクロスを敷いて、私たちと同じようにおしゃれをして、気分を高めます。

我が家のテーブルクロスは、義父（夫の父）から引き継いだもの。真っ白なコットンに美しい刺繍がいたるところに散りばめられています。

義父の代から使われ、私たちも早20年以上、数か月に一度はお客様を（と言っても、大好きな友人たちやファミリー）お迎えして使っているのに、まだまだ現役。これがなくては我が家のパーティーは始まらないというくらい、お気に入りの一枚です。こんなに長く使っていても疲れを見せず、上品さを漂わせているのは、きっと上質なコットンが使われているから。そしてシミが無いことに皆さん驚かれます。

もちろん毎回数滴、時にはグラスをひっくり返すほどの量のワインがこのクロスにこぼれます。けれど「すぐに山盛りの塩をシミの部分において揉む」、という義母から教わったアドバイスのおかげで真っ白なまま。我が家ではとっておきのテーブルクロスとして君臨しています。

「住まい」 適度にミニマムですっきり、くつろげる部屋に

Chapitre 3 L'intérieur

刺繡入りのテーブルクロスを敷いた日は、エレガントなテーブルセッティングを。

idée 33

ソファまわりは
ローテーブルも置かず
すっきりと

ソファは、座ったり、横になったり、時に眠ったり、リラックススペースとしてとても大切な場所です。

ここで、雲の上にいるような安らぎを得るためには「目の前に、あれこれものを置かないこと」。視界に「物の雑音」が増えると、それだけ考えることが増えて、心安らぐことはできません。

そんなわけで、我が家はソファの前に、かつて一度もローテーブルを置いたことがありません。けれど全くノープロブレム。視界はその分広がり、ソファでのリラックス度は満点です。テーブルがない分、得られる広さもかなりのもの。床に寝転がってのびのびと、ヨガやストレッチができます。

ソファで飲んでいたコーヒーやお茶はどこに置けば？　床かソファにトレイを置き、そこにのせれば良いのです。

ただ、友人が来た時などのアペリティフタイムは例外です。リビングの端に、普段はランプ置きにしている丸い小さな鏡のテーブルがあるのですが、この時ばかりは移動してローテーブルに早変わり。その小さなテーブルにシャンパンやワインがのせられます。

Chapitre 3 L'intérieur

ソファ前のスペースがパーティーのときは、特設ダンスステージに早変わり。

idée
34

「借景」の素晴らしさ！
窓からの眺めがよければ
それをインテリアとする

　地価の高いパリでは、自分が思い描いたようなアパルトマンに住むのは容易ではありません。アパルトマンを選ぶ条件として、値段、広さ、地域などいろいろありますが、私がそれらと同じくらい大事な条件としてあげるのが「窓からの眺め」が良いことです。

　美しい木々や青い空、雲の流れ、輝く月……、日々生活をしながら、何気なくふと目に入る窓からの眺めが良いと、心がほっと穏やかになるものです。今のアパルトマンは、そこに惚れ込んで決めました。

　日本はその昔から山や樹木などの景色を借景として愛でてきました。それらは豊かな気持ちや安らぎを与えてくれるので、高級な家具や家電がなくても、自分の家にしかないとっておきの景色があれば十分だと思っています。

　もし、現在の窓に景色が広がっていなかったら、窓から入ってくる「美しい気配」を探してみてください。例えば、窓から入り込む一本の朝の日差し、壁に映る木々の影、夜に入り込む車のライトが天井に作る模様……。住む者だけが気づける、ギフトのような美が室内に必ずあるものです。

90　　「住まい」 適度にミニマムですっきり、くつろげる部屋に

Chapitre 3 L'intérieur

四季がダイレクトに感じられる窓。「パリには自然がない」なんて言わせません。

idée 35

サラダボウルやカラフは使わないときは花と共に「見せる収納」に

収納場所に少しばかり困る大きな容器、サラダボウルやカラフ（水差し）、デカンタ（ワインを入れる食卓用のガラス容器）。ガラスやクリスタルでできているそれらは、清々しい透明感があり、光を反射して美しい輝きを放ちます。

そのまま窓辺などに飾っても素敵ですが（地震の多い日本では高い場所には置かないように気をつけて）、私は花瓶の代わりにも使います。

フランスの習慣で、食事に招待すると、招待客は家主の男性にはワインを、女主人には花を手土産に訪れます。

豪華なブーケをいただいたら、そのまま飾らずに、私はひと花ひと花の美しさや可愛さを生かせるよう小分けにします。

そして、ダイニング、キッチン、寝室、トイレやバスルームと、家中に少しずつ飾ります。そのために花瓶がたくさん必要なので、収納に困る大きなガラスの容器を使うのは、一石二鳥！

花が少なくなってきたら、ガラスのコップやシャンパングラスも活用します。最後の一輪まで、花々の美しさを大切に愛でましょう。

92　「住まい」適度にミニマムですっきり、くつろげる部屋に

Chapitre 3 L'intérieur

大きなサラダボウルに、子どもが摘んできたたくさんの野の花をこうして浮かべたのが最初。

カラフに生けて。花の美しさが一番映えるのは、透明な花瓶ではないかしら。

Chapitre 3　L'intérieur

義父から譲られた巨大なワイングラスに、手作りの紫陽花のドライフラワーを飾って。

idée
36

家族が描いた絵も
「額縁」に入れたら
部屋を飾る立派な「アート」

部屋が殺風景にならないように、「アートのある暮らし」は、おすすめです。

と言っても、高価な芸術作品やオブジェを買いましょう、ということではありません。

自分の作ったものや、家族が描いたものでいいのです。絵画や書などなら、ちょっと良い額縁に入れて壁に、オブジェならコンソールやダイニングテーブルに置いて飾るのです。

この「堂々感」が作品を高めるポイント。自分では下手な作品だと思っていたとしても、美しい額縁の中では誰かが最新現代アートと見違う可能性も、なきにしもあらず。

我が家はキッチンにも廊下にもダイニングにも、家族によるアートがあります。

建築家の義父によるデッサン（右写真）や、60～70年代に写真を趣味にしていた父によるモノクロの写真、娘の絵画、息子のオブジェ、私のコラージュやランプなどあらゆるところに飾っています。

おかげでミニマムな空間でも、我が家ならではのオリジナリティと温かさが醸し出されている気がします。

96　「住まい」　適度にミニマムですっきり、くつろげる部屋に

Chapitre 3　L'intérieur

額縁に入れると絵がぐっと素敵に見えるだけでなく、作品を長期に渡り保護してくれます。

idée

37

「灯り」は置いたり、掛けたり部屋のアートとして楽しんで

夜のパリを歩くと、あちこちのアパルトマンから柔らかな灯りがもれて、ほっと温かい気持ちになります。

パリは日が暮れても、すぐ雨戸やカーテンなどで部屋と外を遮断したりしないのです。夜は就寝時間が来る深夜まで、外の光と家の光が溶け合います。パリの夜が温かい光に包まれて美しいのはそのためです。

部屋の灯りは白より、温かみのある少しオレンジがかった色合いを好むことが多いよう。光を調節する傘のデザインや素材にこだわりをもつ人が多く、個性的なものが光ります。

パリでは一つの灯りで部屋を煌々と照らすことはあまりしません。優しい灯りをいくつも使って、空間を美しく飾るよう、部屋の隅々に置いて照らす家が多いのです。

我が家も、寝室、子ども部屋にはそれぞれ3つの、リビング・ダイニングにいたっては8つのランプが灯ります。小さな棚の上に置いたり、窓辺に掛けたり、サイドテーブルの上にのせたり、部屋の角に立てたり……、私自身が光のオブジェのアーティストなので、ランプはほとんど私の手作り、オリジナルの作品です。

「住まい」 適度にミニマムですっきり、くつろげる部屋に

Chapitre 3　L'intérieur

窓辺に3つの「ホップランプ」。ビーズの透明感が外の美しい景色と融合します。

「ココン＝繭」という名の置き型ランプ。実用的というより雰囲気を作るランプです。

Chapitre 3 L'intérieur

白いアンティークボタンで作った1点もの。ランプベースのブロンズは蚤の市で購入。

idée 38 服や物は最小限！小さなクローゼットとコンソールだけ

少しの「物」を大切にして暮らしたいという思いは、服にも通じています。私たち夫婦の服は廊下にある小さなクローゼット（下写真）と、ダイニングのコンソール（右ページ写真）に収まるくらいしかありません。

もちろんお洒落は大好きです。ワードローブは旅先や街を散歩している時に偶然に出会って恋に落ちたものばかり。「私のためにある！」というときだけ購入します。

しかし、友人だけでなく、通りすがりの人にまで「素敵ね！」と褒められることが多いアイテムは、母から譲られたものばかりです。時代を感じさせるカットのワンピースや、クラシカルな形のハンドバッグやアクセサリー。それらはしっかりした素材と作りで、半世紀たった今でも現役です。

私もそれを見習って、ブランドにはこだわらず、数は少なくても質の良いものを持ち、娘や孫にも愛用してもらえたら、と思っています。

廊下にあるクローゼット。右側は私、左側は夫用。ほぼオールシーズンの服がここに入っています。

「住まい」 適度にミニマムですっきり、くつろげる部屋に

Chapitre 3 L'intérieur

ダイニングのコンソールには、夫婦の「休日着」を収納しています。必要ないと判断した服は、赤十字などに寄付しています。

idée 39 リネンもタオルも収納いらず！いつでも洗い立てを使える

バスタオルを家族の人数分、3枚をカゴに入れて浴室で使っています。汚れたらすぐ洗濯機へ。

我が家にシーツはベッドの数しかありません。汚れたら朝洗い、夜には清潔な洗い立てのシーツが敷かれます。

バスタオルにいたっては各自1枚ずつ常備。汚れたらすぐに洗濯機に直行です。洗濯機を日々、回しているので可能なことですが、シーツやバスタオルを収納する場所が必要ないのは大きなメリット。そしてなんといっても、いつでも洗い立てのシーツやバスタオルが使える気持ち良さったらありません。

また、これだけしかないと、愛着が湧いてきます。いつまでも大切に使いたくて、綻びをカットしたり、少し切れてしまったら縫い合わせたり。それでも古くなったら、感謝を込めて"さようなら"をします。

そして代わりの、自分の生活に入り込む新しい1枚を、よく吟味して選ぶのです。

Chapitre 3 L'intérieur

ベッドまわりもシンプルに。睡眠前の本と、アラームになる時計があれば十分。

Chapitre **4**

Le week-end
「週末」

マルシェや公園、パリ郊外へ
美味しい食と安らぎを求めて

idée
40 週末は朝から美味しい
食材を求めてマルシェへ Go

週末、マルシェ（市場）に家族と繰り出すのが私の楽しみ。マルシェで買い求めたもので作るランチやディナーが週末のご馳走になります。

パリの胃袋といわれるマルシェは、色と香りで、四季を感じさせてくれる場所です。いちごやフランボワーズなどの赤い実が増えてきたら春。様々なサラダ用の葉やナスがツヤツヤしてきたら夏。カボチャの橙色や、キノコの茶色が幅を利かせてくると秋。「山のチーズ」（フランス東部の山岳地帯で作られるチーズ）の匂いがプーンと鼻をくすぐってきたら冬の到来です。旬の食材はいつもより値段もぐっと下がるので、たくさん買い込んで買い物カゴがいっぱいになります。

マルシェは早朝から午後1時くらいまで開かれます。日差しの強い夏も凍える寒さの冬も、決まった道で決まった曜日に必ず開くいくつもの屋台。活気があって温かくて、元気をもらえます。ご近所さんともばったり会って、しばし立ち話。平日はスーツ姿のムッシューが魚を吟味している姿が可愛くて、声をかけると「オー！　アコ」と振り向き、大きな笑顔でハグ。これもマルシェが楽しい理由のひとつです。

Chapitre 4 Le week-end

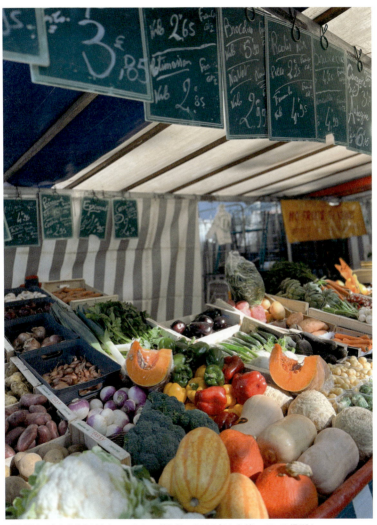

パリだけでもなんと80以上のマルシェがあり、1615年から続いている場所も。

idée 41

話題のカフェや
レストランで
新しい食の冒険を

がんばるときと、息を抜くときの両方があってこその人生。そんなパリジェンヌたちは週末、のんびり美味しいものを食べに、新しいカフェやレストランへ行きます。

食べるだけが目的ではなく、ゆったりと会話も楽しみたいので、店選びは慎重です。驚きの味が待っていて、座り心地の良い椅子のあるところ。夏なら陽光を感じる開放的なテラス、冬なら暖炉があるとワクワクします。

レストランではアペリティフからアミューズ・グール（おつまみ）、アントレ（前菜）、プラ・プランシパル（主菜）、フロマージュ（チーズ）にデセール（デザート）、最後にカフェ（コーヒー）、そしてコーヒーについてくるチョコレートやメゾン手作りのクッキーまでをワインと共にゆったり味わいます。

家族とならじっくり向き合い、平日はままならない話をする時間に、子どもたちはフランスならではの食の文化やエチケットを自然に学ぶ時間になります。女友達とならお洒落をして落ち合い、「あなた美しいわね」と褒め合って、止まらぬお喋りに花を咲かせます。

「週末」マルシェや公園、パリ郊外へ美味しい食と安らぎを求めて

Chapitre 4 Le week-end

流行の先端をいくマレ地区のカフェ。パリジェンヌの多くが行きつけの店を持っています。

idée 42

公園や森、水辺で太陽と風をいっぱい感じるフランス式ピクニック

バスケットの中身はハムにチーズ、野菜や果物、バゲット、ロゼワイン。本も忘れずに！

　肌を撫でていくやさしい風に暖かい陽射し。人は体温より少し高い温度に触れる時、幸福を感じるようです。そんな気分を求めて、週末のパリは森や公園、水辺でピクニックをする人々でにぎわいます。

　週末、我が家は時々起き抜けに、ハムやチーズや果物、野菜を詰め込んでピクニックに出発します。そして途中で焼き立てバゲットを買って、68ページでご紹介したような即席サンドイッチをその場で作ります。ポテトチップスもフランス式ピクニックにしばしば登場。冷えたロゼワインも忘れません。食後には、ポットに淹れてきた熱いコーヒー。どんなに暑くても食後は一杯のホットがみんなの好みです。

　その後はリュックを枕にお昼寝したり、アクティブ派は芝生でバドミントンやフリスビーをしたり。1日中、身近な自然の中でのんびりします。家の近くであれ、それがパリの人々にとってのとっておきの休日です。

Chapitre 4 Le week-end

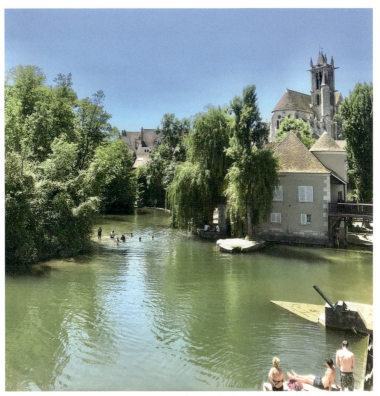

パリから車で1時間のモレ・ロワン・エ・オルヴァン。夏の始まりの週末に川遊びへ。

idée 43

週末は友人同士、
招いたり招かれたり
お庭でごはん会も

フランスは「おもてなしの国」。親しくなると家に招待し、共に食のひと時をゆったり過ごします。

ご招待されたら喜びを伝え「何を持っていったらよいかしら？」と尋ねます。時間にゆとりがありそうな時は「デザートを作っていこうかしら？」と聞くことも。

招待者が「あなたが来てくれたら、それがプレゼント」という常套句を投げかけてきたら、ワインや花束を抱えて訪れます。

ただし、田舎やパリ郊外のお庭のある友人宅に招かれたら花束はNGです。バラや紫陽花、桜など四季折々の花々が庭に咲き誇っているのですから。

そんなお庭での食事は、パリの住民にとって特別な時間です。フォーマルなピクニックのような開放感で、食後には歌ったり、踊ったり。

ここでのメニューの定番はバーベキュー（残念ながらパリでは禁止なのです）。男性陣は煙と格闘しながら肉や魚、野菜を焼き、女性たちは煙を避けて、アペリティフとおしゃべりを始めます。

Chapitre 4 Le week-end

田舎の家で広い庭を開放して開催されるパーティーは、パリの人々にとって格別の喜び。

idée 44

1泊2日でパリ郊外の
シャトーへ！ スパや料理で
心身を癒やして

フリーランスとはいえ、平日に仕事に集中し、週末に仕事を持ち込まないようにしています。仕事の世界の扉はしっかり閉めて、別人のようにゆったりのんびり、時には自然に囲まれた郊外や、田舎に人知れず姿を消してしまい、エネルギーと自分自身を取り戻します。

パリ周辺には、昔の貴族の城を改装してホテルにした場所がたくさんあります。その多くが自慢のシェフを抱えるレストランや、スパを併設しています。

そして、高原や森の中にぽつんとたたずんでいたり、村の集落の中に突然あったり、知る人ぞ知るという立地で、静けさを求める休日にぴったり。

日中はスニーカーを履いて周囲を散策。清々しい自然の中で、新鮮な空気を体一杯に吸います。夕刻には、サウナやジャグジー、エステを楽しんだり、プールで泳いだり。

夜になるとよそ行きの服と靴に変えて城内のレストランへ。伝統的なインテリアとサービスに、まるで古典劇に入り込んだような心地に。素敵な食器やグラスを使うところも多く、おもてなしのアイデアもいただけます。

Chapitre 4 Le week-end

実際に宿泊した古城ホテル、シャトー・ド・オジェルヴィルで、ゆったりとした朝ごはん。

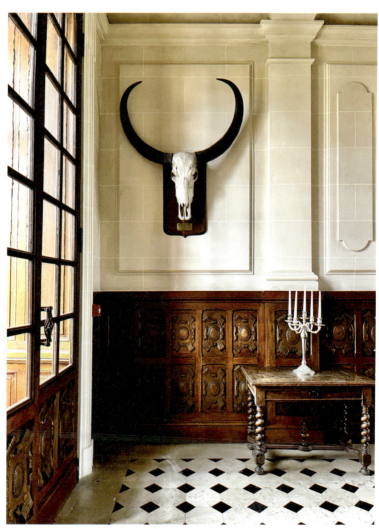

城内も庭も見応えのあるブルトイユ城。週末は見学のみのゲストでにぎやか。

「週末」マルシェや公園、パリ郊外へ美味しい食と安らぎを求めて

Chapitre 4 Le week-end

マリー・アントワネットの離宮プチトリアノンはパリから車で30分ほど。ここは訪問だけ。

idée 45

パリから一番近い海、ノルマンディーで海の幸を楽しむ

夏に長いバカンスを過ごすことで有名なフランス人。実はその他にも、春や秋、クリスマスなどに、一週間くらいのプチバカンスがあるのです。

加えてロングウィークエンド（週末に金曜日や月曜日などの祝日が加わった長い週末）にも、小さな旅へ。パリジャン、パリジェンヌとは実際のところ、自然が好きな都会人、なのです。

行き先は、パリから200kmほど離れたノルマンディーが人気です。中でも「パリ21区」と冗談で言われるほどパリの人々が多く訪れる町ドーヴィルは、映画『男と女』の時代から愛されています。

パリ郊外や地方の人々は「なぜ雨や曇りの多いノルマンディーへ？」と首をかしげますが、ここにはパリから一番近い海があるのです。水は冷たくて真夏でなければ泳げませんが、水平線と潮風と永遠に繰り返す波の音は、非日常。パリより大きく果てしない空の下で、砂浜を歩くのが気持ち良くて。種類豊富な獲れたての新鮮な海の幸も堪能できて、疲れが癒され、エネルギーが満たされます。

122　「週末」マルシェや公園、パリ郊外へ美味しい食と安らぎを求めて

Chapitre 4 Le week-end

豪快な海の幸が堪能できるのもノルマンディーの魅力。舟からそのまま買える魚屋もある。

（上）寒くても海岸を散策する人がたくさん。
（下）シャネルもサガンも愛した海辺。

Chapitre 4 Le week-end

貸し自転車に乗って高台へ。トルーヴィルの街と海が一望できて楽しめます。

Chapitre 5

La vie
「生きる」

他にもある、
パリジェンヌの日々の楽しみ方

idée

"装い"を楽しむ

46 お化粧も服も 「私らしい」が一番の装い

　パリジェンヌたちは、自分の持つ「素」を大切にします。自分らしくあること、は人生の基本。お化粧も然り。素顔にマスカラや口紅をのせることはあっても、ファンデーションやチークをしっかり塗ることはあまりありません。あくまで自分らしく素をひき立てる「プチメイク」が主流。

　装いも同様。シンプルな服に自分の目や髪の色に合ったアクセサリーやスカーフを添えるぐらい。流行のスタイルよりも「自分に似合う」「自分らしい」かが一番の関心です。

　そして、自分が心地よくあることも大切。パリジェンヌがミニスカートを履くのは膝を通り抜ける風が気持ち良いから。ノーブラでいるのは締め付けない解放感が好きだから。でも、清潔感には十分気をつけます。特に指先。やすりできれいに整えられた爪、赤や肌色の単色塗りのシンプルネイル。手に少し皺が増えたなら、今まで以上にケアします。

　日頃が飾らない分、パーティーなどでは、思いきり華やかにメイクをしてドレスアップ。その隠されていた美しさに恋人も友人も家族も、そして自分までがドキリ。TPOやテーマにあったお洒落をすることも礼儀で、楽しみの一つです。

130　「生きる」他にもある、パリジェンヌの日々の楽しみ方

Chapitre 5   La vie

母から受け継いだくるぶし丈のサマーロングドレス。バカンス前の空港のラウンジで。

"1人時間"
を楽しむ

idée

47 自分を内面から輝かせる時間を大切に

流行やブランドものにお金を費やすより、自分の時間や旅にお金を使うことの多いパリジェンヌ。異国を旅したり、常夏の海で何時間も泳いだり、読書を1人楽しんだり。中でも美術館への心のショートトリップは、自分を内面から美しくしてくれる大切な時間です。

予定のない日は美術館へ。大小様々な美術館がパリにはあり、新しい展覧会も次々と開催されます。美術館を1人訪れることはパリジェンヌにとって特別なことではありません。

アート鑑賞のみならず、その優雅な空間に包まれることも堪能します。美術館は、その多くが世界的に名高い建築家により建てられていて、足を休める長椅子一つとっても選び抜かれていることが多いのです。天井が高い建物が多く、一歩入ると、心身が高く舞うような心地よさとドキドキ感も気持ち良いもの。

作品と対話したり、併設のカフェでお茶を楽しんだり。心地よい空間で1人誰にも邪魔されず、自由な思考の遊びができる、この貴重な時間は、ドレス1枚を買う以上の価値があると思います。

132 「生きる」他にもある、パリジェンヌの日々の楽しみ方

Chapitre 5 La vie

私のお気に入りの場所、安藤忠雄さんが改装を手がけた現代美術館ブルス・ドゥ・コメルス。

idée "仕事"を楽しむ

48 パリジェンヌは仕事を持ってこそ人生を楽しめる

仏語、英語、日本語を使って、欧州中を駆け回って取材しています。執筆は家の机でじっくりと。

パーティーの多いフランスでは、男女問わず「どんなお仕事をしていますか？」が初めての人との会話の始まりです。そのくらいパリでは、女性が当たり前に仕事を持っています。男性が仕事を当たり前に持つのと同様です。

仕事にはお金を得られることだけではなく、誰かのためになる喜び、社会にダイレクトに関わる面白さ、きついことがあってもそれを乗り越えた時の充足感、日々、生きているという手応えがあります。自分で稼いだお金が少しでもあることで、誰かに頼ることなく、結婚、離婚などの人生の選択の自由や、行動の自由が広がります。彼女たちが自分らしく生きられる理由のひとつが、ここにあります。

みんなが何らかの「プロフェッショナル」になると、お互いの共通点を見つけたり。知らない世界をのぞかせてもらったり、お互い尊重し合える関係も築きやすいようです。

Chapitre 5 La vie

「灯りのアーティスト」として、アパルトマンから徒歩5分のアトリエで制作活動を。
パリと日本で、ほぼ年に1回、定期的に展覧会も開いています。

"体づくり"を楽しむ

idée
49 パリジェンヌたちが
太らないワケ

シンプルな服装をしているのに、美しい雰囲気を醸し出しているパリジェンヌが多いのはなぜでしょう。そんな彼女たちはたいてい、しなやかなボディシルエットを維持しています。私の友人にもそんな女性たちが多く、50代でもビキニを素敵に着こなします。

聞くと、彼女たちはジム通いをしていたり、水泳やジョギング、テニス、ボクシング、乗馬、ゴルフ、バレエやダンスなど、何らかのスポーツを定期的に楽しんでいます。

スポーツは始めることは簡単でも、続けるのは難しい？いえいえ、忙しくとも日々のスケジュールに組み込んで生活の一部にしてしまえば、その後は、ループにはまり込むように、続けることができたりします。精神のバランスも取れるようになり、スポーツをしないでは、もういられなくなるのです。

私自身も毎日に近いくらい、ダンススタジオに長年通い続けています。それは今では人生の一部となり、トレーニングがないと、心身ともに不安定になってしまうくらいです。

体が動く限り、踊り続けたいと強く思っています。

136 「生きる」他にもある、パリジェンヌの日々の楽しみ方

Chapitre 5 La vie

2018年の「日仏交流160周年記念」のイベントでフランス人バレリーナや日本の音楽家とコラボでショーを行いました。これはこのときのポスターの一部。公演はパリやリールでも。

idée

"節約"を楽しむ

50
手作りや古い物に価値を置き
お気に入りは
最後まで使い尽くす

多くのフランス人は、物持ちがよく、一つの物を大切にします。

私もこちらに来て以来、飽きてきたら捨てるのではなく、使い方を変えたり、置く場所を変えたりして、新しい魅力を探すようになりました。

流行遅れを乗り越えて、ビンテージと呼ばれるようになった母の時代の服や鞄、アンティークになりつつある祖母のアクセサリー、義父から譲られた銀食器やクロスなど、それらを大切に使い続けています。素材や仕立ての良さで、今日まで使うことができ、使う人の「トレードマーク」になるくらい個性があります。

物を増やさないために、私は誕生日パーティーの招待状に「プレゼントは必要ありません。その代わりパーティーで一緒に飲めるシャンパンを1本持ってきてください」と追伸を添えます。シャンパンは値段の幅が広いので、人それぞれの予算で買うことができます。趣味の合わない物をいただいて困ったな、ということも避けられますし。我が誕生日に、みんなで心置きなくシャンパンが楽しめるのです！

Chapitre 5 La vie

テーブルクロスもナプキンも義父から譲られたもの。現代的なお皿と合わせても素敵。

Épilogue —おわりに—

「二足のわらじ」を履くことをフランスでは、「ダブル・キャスケット」（二つの帽子）と言いますが、私は「トリプル・キャスケット」（三つの帽子）で仕事をしています。

　原稿を書いて、作品創作をして、パフォーマンスをして、と時々「まるで曲芸師みたいだわ」と思うことがあるくらい慌ただしい毎日ですが、自分の好きなことを活かして生きられることに、いつも感謝しながら過ごしています。

　母、妻であると同時に自分自身であるために、どんな形でもいいので、仕事と呼べるものを持っていることは大切だと思います。パリではそんな生き方の女性が多いのです。

　そんな私にとって、キッチンに立って料理する時間はかけがえのないひとときです。

　たとえ辛いことや、悩み事があっても、キッチンに立って料理を作れば、いつの間にか気分が明るく前向きになってきますし、作った料理を家族や友に「美味しい！」と言ってもらえたら、さらに元気をもらえます。

　日々の生活は体力気力が要りますが、上手に手抜きをして、無理なく家事を楽しみながら、家族や友と共に過ごす時間を作り出せたら、豊かな人生を満喫できると思います。

　本書では、そんな暮らしのために役立つことを集めたつもりです。忙しい中のこの本作りも、なんて楽しい作業だったことでしょう。

　最後に、この本を手にとってくださった方、出版の機会をくださった主婦と生活社の栃丸秀俊編集長を始めとするスタッフの方々、この本を形にするために関わってくださったすべての皆さまに感謝申し上げます。
　そして、この本の指揮者であり伴奏者の編集者、白井晶子さんに心より深くお礼を申し上げます。白井さんなくしてはこの本は存在していません。ありがとうございました。

　では皆さんまた。ごきげんよう！

　　　　　　　　　　　2025年春　永末亜子

永末亜子 Ako Nagasué

アーティスト、ダンスパフォーマー、ジャーナリスト。東京都生まれ。19歳で欧州を1人旅したことをきっかけに、セツ・モードセミナー研究科卒業後、1996年、27歳で渡仏。在学中から旅のライターをしていたため、パリでもフリーランスで執筆業を続ける。パリ第四大学付属ソルボンヌ・フランス文明講座修了。2000年、フランス人の夫と結婚。家族でバカンスを過ごした国は40か国以上。現在はパリ左岸に住み、パリと日本で定期的に光のオブジェの展覧会を開催。ダンスパフォーマーとしては舞台や映像に出演。ジャーナリストとしては仏語、英語、日本語の3か国語に通じ、アート・デザイン・社会問題等のテーマでフランスを始め、欧州諸国の人々を取材。日経デザインや日経クロストレンド、日経ウーマン、JBpress などに寄稿。著書に『かわいいだけじゃ暮らせない　akoからはじまるパリのABC』(2009年 飯塚書店) 他がある。https://www.instagram.com/ako.lifeart.paris

パリのキッチン
食と暮らしのアイデア50

		Staff
著者	永末亜子	ブックデザイン　清水佳子
編集人	栃丸秀俊	撮影　永末亜子 (＊を除く)
発行人	倉次辰男	＊Aika Nagasué (P.67)
発行所	株式会社主婦と生活社	＊Eric Nguyen (P.119、131)

著者　永末亜子

編集人　栃丸秀俊

発行人　倉次辰男

発行所　株式会社主婦と生活社

〒104-8357
東京都中央区京橋3-5-7
TEL 03-5579-9611 (編集部)
TEL 03-3563-5121 (販売部)
TEL 03-3563-5125 (生産部)
https://www.shufu.co.jp/

製版所　東京カラーフォト・プロセス株式会社

印刷所　大日本印刷株式会社

製本所　株式会社若林製本工場

Staff

ブックデザイン　清水佳子

撮影　永末亜子 (＊を除く)

＊Aika Nagasué (P.67)
＊Eric Nguyen (P.119、131)
＊Eric Mialon (P.137)
＊Kazuma Glen Motomura
(P.142、143)

ドレス協力　Chloé Bussat Dunne
(P.129、142)

校正　高木正裕

企画・編集　白井晶子

ISBN 978-4-391-16411-4

落丁・乱丁の場合はお取り替えいたします。
お買い求めの書店か、小社生産部までお申し出ください。

Ⓡ本書を無断で複写複製 (電子化を含む) することは、著作権法上の例外を除き、禁じられています。本書をコピーされる場合は、事前に日本複製権センター (JRRC) の許諾を受けてください。また、本書を代行業者等の第三者に依頼してスキャンやデジタル化をすることは、たとえ個人や家庭内の利用であっても一切認められておりません。

JRRC (https://jrrc.or.jp/)　Eメール: jrrc_info@jrrc.or.jp　TEL : 03-6809-1281

©Ako Nagasué 2025 Printed in Japan